정글하우스

식물집사 30인의 랜선집들이

월간플로라편집부

Intro.

정글 하우스

'정글하우스'는 국내뿐 아니라 해외 10여 개국 식물집사의 식물 스토리를 담은 책이다. '정글하우스'는 SNS에서 멋지게 식물을 키우는 분들을 찾아내 더 많은 사람들과 식물 이야기를 나누자고 제안했던 콘셉트이다. 온라인으로 진행된 인터뷰에 응해주고 책으로 만드는 일에 동의해준 필진들께 진심으로 감사를 드린다.

"돌아가신 엄마가 키우셨던 화분들을 잘 키우고 싶은 마음에 식물에 관심을 가지게 되었어요. 지금은 식물들에게 위로도 받고, 내가 챙겨야 할 어떤 존재가 있다는 것에 감사하면서 생활하고 있어요."

"저는 식물을 키우는 족족 죽이곤 하는 사람입니다. 얼마 전 선물 받은 식물도 죽이지만 말자는 마음으로 시작했는데 무사히 잘 자라는 모습을 보고 하나 둘 식물을 늘리기 시작했습니다. 작고 여린 잎이 커지고 새 잎이 나는 과정은 정말 커다란 기쁨입니다. 식물을 잘 키우는 결국의 해법은 관심이었습니다."

"치열한 경쟁사회에서 바쁘게 살다보니 몸과 마음이 지쳐 잠시 쉬면서 나만의 시간을 가지기로 했습니다. 그 때 식물이 눈에 들어오기 시작했고 첫 눈에 반해 아직도 헤어나오지 못하는 중이에요. 식물은 엉킨 실타래 같던 마음을 풀어준 고마운 친구입니다."

이 책에는 어떠한 계기를 통해 식물과 깊은 관계를 갖게 되었는지, 식물이 더해진 삶은 어떻게 변화했는지, 어떻게 잘 키우는지 등 스토리가 넘쳐난다. 각자 다른 이야기를 펼쳐내지만 주목할 점은 모두 식물로 인해 생활이 더 풍부해졌고 행복함을 느낀다는 것이다.

식물을 싫어하는 사람은 드물지만 식물 키우기를 주저하는 사람들이 많다. “나는 똥손이라 식물이 잘 죽어요." 혹은 "식물 키울 시간이 어디 있어요?"라는 게 그 이유이다. 그러나 여기 소개된 전문가 수준의 식물집사들도 처음부터 식물을 잘 키우는 사람들이거나 시간이 많은 사람은 아니었다. 어느 순간 식물이 삶으로 들어오고 함께 사는 법을 익혔을 뿐이다.

공간을 아름답게 만드는 것 혹은 공기 정화의 기능을 가진 것으로만 식물을 설명하기에는 많이 부족하다. 살아있는 식물을 키우는 것은 그 외에도 우리 삶의 여러 면에서 긍정적인 영향을 주기 때문이다.

이 책에는 한발 먼저 식물과 교감을 나눈 사람들의 이야기가 있다. 이들처럼 당신도 식물을 통하여 기쁨과 위로를 얻기를 바란다.

차례

Part 2. 랜선 플랜트 집들이 - 해외

Part 3. 집에서 식물을 기르기 위해 알아야 할 것들

Part 4. 실내에서 식물 키우기 TIP

식물이 내 삶으로 들어온 순간

집에서 식물과 함께 힐링을 할 수 있다는 건 참 보람된 시간인 것 같아요. 겨울에는 베란다 한 켠에서 햇빛을 받으며 따뜻한 차와 함께 시간을 보내곤 해요. 식물을 보는 시간이 제일 행복한 것 같아요.

-용혜진@ssun.j

집에 생기가 없어 보이는 것 같아서 식물을 들여오기 시작했어요. 엄마가 가꾸시던 정원을 보고 자란 기억이 있어서 그랬나봐요. 사계절 쉼없이 꽃을 피우는 것을 보고 있으면 마음이 몽글몽글해져요. 이젠 매일 새순이 나올까 설레는 게 당연한 삶이 되었어요.

-송한나@mimyo444

식물을 키우면 해가 들어오는 각도, 일조량, 절기의 변화 등에도 자연스럽게 민감해져요. 월·화·수·목·금·토·일 매일 변화하는 자연을 느끼면 '나 자신도 우주의 작은 존재구나'라는 생각까지 커질 때가 있어요. 개똥철학같은 이야기이지만 이런 생각들이 저를 더욱 성숙하게 만들어 주었답니다.

-장현아@aliyns2cats

아파트에서 너무 많은 식물을 키우니까 힘들어 보인다고 말하는 사람들도 있어요. 하지만 저는 식물을 돌보는 일이 굉장히 편안하다고 말하고 싶어요. 물을 주거나 화분에 식물을 심거나 잎을 청소할 때 평온함을 느끼고 저의 정신건강에도 큰 도움을 주었답니다.

-소피힐@sophiesgaff

몇 년 전, 힘든 시기를 극복하기 위해 식물을 키우기 시작했어요. 식물집사를 자처하며 꾸준히 정성을 쏟는 일은 제게 많은 도움이 되었답니다. 식물은 사랑을 주면 꼭 배로 돌려줍니다. 그래서인지 식물을 돌볼 때마다 저를 돌보고 있다는 생각이 들어요. 새 잎이나 꽃이 피어나는 것을 보면 그 행복은 어떤 말로도 묘사하기 어렵답니다.

-엘레나@elena_morozv

식물이 실내에 필요한 이유

"나무와 식물은 다들 잘 알고 있듯이 공기 정화능력이 뛰어나며 전체적인 공간의 멋스러움을 향상시켜 줍니다. 뿐만 아니라 스트레스를 받거나 기분이 안 좋을 땐 숲과 공원을 산책하면 정말 큰 힐링(기분을 좋게 하거나, 창의력을 높이고, 스트레스를 줄여줌)이 됩니다."

전문가들의 연구에 따르면 사람은 자연에 잠깐 노출되는 것만으로도 자존감이 높아지는 느낌이 들기도 하며, 어떤 일이든 협조적으로 진행할 수 있다고 합니다. 또한 잎사귀를 직접 만지면 무의식적으로 긍정적인 생각이 많아지는 효과를 이끌어낼 수 있다는 말도 있습니다. 실내에서 식물을 돌보는 것은 평온한 안정감을 주고 식물의 성장을 보며 우리에게 무엇을 알려주고 있는지 생각해볼 수 있도록 해줍니다. 혹시 마음이 혼란한 상태라면 플랜테리어를 시작해보세요. 어떤 핵심 디자인 요소보다 따뜻한 공간을 만들어줄 것입니다. 식물은 집안에서 완벽한 인테리어를 제공하고 어느 공간에서든 조화롭게 어우러진답니다. 또한 식물의 녹색은 보편적으로 세련된 색상으로 많은 호불호가 따르지 않습니다. 식물로 집안을 꾸미는 데에는 정해진 규칙이 없으며 가능성은 무궁무진 합니다.

Part 1.

랜선
플랜트 집들이
– 국내

5년차 식물집사의 베란다 정원

아파트

@roms_room

윤새롬

고층 아파트의 전망은 이따금 공허함을 안겨준다.
파란 하늘의 풍경만을 담은 창문에 더해진 초록의 식물 커튼.
이곳은 식물집사 새롬 씨의 힐링 스팟 베란다 정원이다.

"식물이라는 그 자체에서 벗어나 생명의 소중함과 생명이 자라는 기쁨을 우리 꼬꼬마(아들)에게도 알려주고 싶었어요."

힐링과 배움의 공간

오래전부터 숲속에 들어온 듯한 집을 꿈꿨어요. 결혼 후 이사한 집의 베란다가 적격이었죠. 그렇게 하나둘 들이기 시작한 식물이 어느덧 베란다를 가득 채웠답니다.

도예와 유리를 전공해서인지 흙의 감촉을 좋아하는 편이에요. 식물을 사랑하는 엄마 덕에 어릴 때부터 식물을 돌보는 것에 익숙했고요. 저는 식물이 아이들 성장에 좋은 영향을 끼친다고 생각해요. 식물 키우기가 공부가 아닌, 놀이로 인식된다면 훗날 식물에 대한 긍정적인 이미지로 남을 수 있지 않을까요?

미세먼지 가득한 하늘에 울적해진 마음을 식물로 달래고, 폭염과 한파를 이겨내는 굳건한 모습을 볼 때면 용기를 얻기도 해요. 말없이 바라보는 것만으로도 위로가 되는 기분이 든답니다. 베란다 정원은 지난 5년 동안 제 역할을 충분히 해줬다고 봐요. 때로는 고민을 털어놓을 수 있는 친구이자, 제 곁을 늘 지켜주는 가족이거든요.

허전해 보일 수 있는 벽면은 행잉 식물을 배치해 인테리어 효과를 더했다.*(박쥐란, 산세베리아, 몬스테라 아단소니, 스파티필럼, 행운목, 립살리스, 스킨답서스, 콩란)*

베란다 정원은 아이가 자연과 교감할 수 있는 장소다.
(대엽홍콩, 커피나무, 바나나)

거실에 자리잡은 아레카야자는 천연 가습기 역할을 하고 있다.

창문 쪽 선반에는 다양한 화기에 심어진 다육이 눈에 띈다.

도심 속 정글 플랜테리어

아파트
@silversoeun
함소은

식물과 사랑에 빠지는 이유는 저마다 다양하다.
여기 인테리어를 위해 식물과 동거를 시작한 소은 씨가 있다.
과연 그녀의 현재는 어떻게 바뀌었을까?

“식물집사분들은 아시겠지만, 한 번 관심을 가지고 보면 어느새 푹 빠져버려요.”

그랜드 오프닝 정글 하우스!

전부터 식물이 주는 아우라가 있다고 생각했어요. 북유럽에서 볼 수 있을 법한 어반 정글Urban Jungle 느낌이요. 식물을 들인 이유도 그 때문이에요. 인테리어에 관심이 많았거든요.

결국 하나둘 공간을 채워나가던 식물은 이제 집안 가득 찼답니다. 애정을 갖고 키우다 보니 제가 원하던 인테리어도 자연스레 완성되더라고요.

저는 특히 필로덴드론 종류를 좋아해요. 한 번은 SNS에서 발견한 희귀 품종에 반해 힘들게 데려온 적이 있는데요. 과정이 순탄치 않아서인지 더욱 특별하더라고요. 잎이 큰 교배종이 예쁜 모양으로 자랄 땐 그 기쁨을 말로 표현할 수 없을 정도예요. 점차 변해가는 모습에 제 스스로도 놀랍니다. 온 마음 다해 식물을 사랑하게 된 제가 신기하답니다.

베란다에 놓여있는 식물들*(안스리움 클라리너비움, 필로덴드론, 알로카시아)*.

거실 창가 쪽 식물 존ZONE에는 가습기를
두어 습도 조절에 신경쓰고 있다.
(박쥐란, 몬스테라)

▲ 침실에 자리한 여러 종의 식물들. 액자 걸이를 활용한 박쥐란과 덩굴성의 몬스테라 아단소니는 방을 더욱 풍성하게 만들어 준다*(디시디아, 무늬고무나무, 크리소카디움, 알리고무나무, 떡갈고무나무 등).*

▶ 교배종인 필로덴드론 베루코섬x멜라노캐리섬은 덩굴성 식물임에도 잎이 크다. 때문에 식물 거치대를 사용해 고정해주는 게 좋다.

식물 맞춤 플랜트 홈

아파트
@ver_daily
김윤정

작은 취미는 때때로 삶의 일부가 되기도 한다.
윤정 씨에게도 식물은 떼려야 뗄 수 없는 존재가 되었다.
집안 곳곳, 애정이 닿은 식물 맞춤 하우스를 소개한다.

"식물을 바닥이나 진열대에서만 키우는 건 재미없잖아요."

식물을 위한 기도!

어릴 적부터 부모님은 많은 식물을 키우셨어요. 저도 그 영향을 받아 결혼 후, 집에 하나둘 식물을 들이기 시작했어요.

평소 인테리어에 관심이 많은 편이다 보니, 공간마다 놓고 싶은 식물도 제각각이었어요. 제가 다양한 식물에 관심을 갖자 옆에서 지켜보던 남편도 식물을 찾아보기 시작하더라고요. 분갈이, 물주기 등 함께 관리를 하면서 부부 사이도 더 좋아졌답니다.

식물이 점차 많아지면서 배치에 한계를 느꼈어요. 공간을 효과적으로 활용할 방법을 찾다가 벽걸이 선반을 이용해 키우기 시작했어요. 아무래도 볕이 들지 않는 공간이라 광합성에 어려움이 있더라고요. 그래서 곳곳에 식물등을 설치해봤어요. 크게 웃자람 없이 건강하게 자라는 걸 보면 효과가 좋은 것 같아요.

남편도 함께 식물을 키우게 되며 '우리'의 취미를 만들었다는 윤정 씨. 같이 분갈이도 하고 식물을 돌아가며 관리한다*(알로카시아 제브리나, 몬스테라 아단소니, 필로덴드론, 공작야자)*.

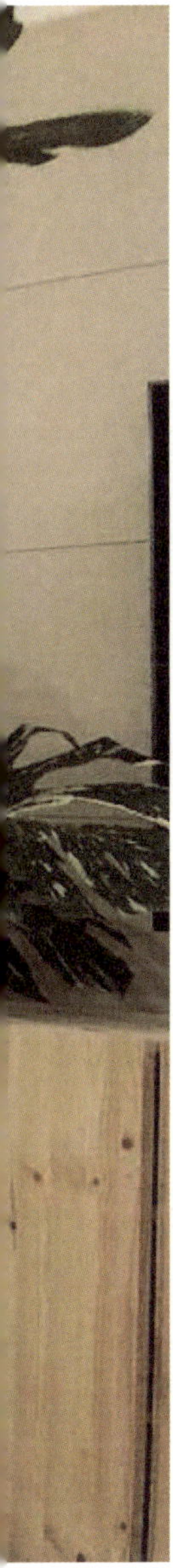

◀ 아이까지 함께 즐겨 가족의 취미생활 공간이 된 공간이다*(몬스테라)*.

▲ 가정용 식물등으로 일조량을 늘려주면 식물의 공기정화 효과를 극대화할 수 있다*(박쥐란)*.

▼ 해외 직구를 통해 키우게 된 다양한 무늬 몬스테라

조화로움 속 모던함
라탄 플랜테리어

주택

@someone___a

이은재

식물과 인테리어의 적절한 조화는 집의 포인트가 된다.
무작정 식물을 들이기보다 주변 환경과 가구를 고려하는 편이 좋다.
식물과 가구의 알맞은 배치, 은재 씨의 플랜테리어 하우스를 소개한다.

IKEA

"삭막한 도시생활에서 집만큼은 편안하게 만들고자 식물을 들이게 됐어요."

식물 초심자의 배움

가구 회사를 다녀서인지, 평소 인테리어 관심이 많아요. 요즘 트렌드는 식물로 공간을 꾸미는 플랜테리어잖아요? 삭막한 도시 생활에 식물만한 게 없더라고요.

톤 다운된 공간에 식물을 배치하고 라탄(등나무 줄기에서 채취한 가볍고 거친 섬유) 소재를 활용하여 포인트를 줬어요. 고요하지만 활기가 있고, 전체적으로 모던한 느낌을 주고 싶었어요. 집에서는 차를 마시며 하루 동안 쌓인 긴장과 피로를 풀기도 하고, 복잡한 생각들을 정리하기도 해요. 눈길 닿는 곳곳에 위치한 식물들이 안정을 찾는 데 도움이 된답니다.

저는 식물 중에 극락조를 가장 좋아해요. 3년 전에는 키우는 법을 몰라 보내고 다시 들이고를 반복했지만요. 처음부터 공부를 했더라면 좋았겠지만 이런저런 시행착오를 겪으면서 애정이 더욱 깊어졌어요. 극락조에 대해 제대로 배우게 되는 계기가 되었답니다.

소파 옆에 만들어진 은재 씨만의 힐링공간*(드라세나 드라코)*.

IKEA

자칫 단조로울 수 있는 인테리어에 라탄 소재를 더해 자연친화적인 공간 연출을 완성했다.

식물과 조화로운 우드톤 인테리어

아파트

@lovejoy_choi

최지연

보기에 예쁘면 더 자주 들여다보게 되는 마법이 있다.
생각보다 품이 많이 드는 일도 진정한 즐거움으로 만들며 사랑하고 있는
지연 씨의 공간을 소개한다.

“식물이 주는 에너지는 분명히 있어요. 생기있는 에너지는 삶을 훨씬 긍정적으로 바꿔줍니다.”

좋아하는 것을 가득 채우는 삶

전 딱히 식물을 좋아하게 된 계기가 없어요. 그림 그릴 때 식물을 많이 그리기도 했고, 원래 식물을 좋아했어요. 그러다 해가 잘 드는 지금의 집으로 이사하면서 본격적으로 한풀이하는 것처럼 식물을 키우고 있답니다.

처음엔 제가 좋아하는 식물이 주변에 가득하길 바라는 마음이었어요. 직접 오프라인에서 데려오기도 했고요. 그런데 생각보다 품이 많이 들고 식물에 대해 공부도 해야만 했어요. 하지만 식물이 가까이에 있으니 훨씬 생기있는 공간이 된 것 같아요.

전 우드톤 가구들과 식물을 함께 배치하는 걸 좋아합니다. 식물이 잘 어울려서 보기에 예뻐요. 공기를 측정할 수 없지만 공기도 좋아진 느낌이 들어요. 또한 매일 식물을 들여다보는 일은 프리랜서인 제게 큰 에너지를 주는 일이에요.

거실에 다양한 식물을 두고 있는 지연 씨*(박쥐란, 필로덴드론 레몬라임, 몬스테라, 립살리스, 드라세나 콘시나, 벵갈 고무나무, 칼라데아 인시그니스, 칼라데아 제브리나).*

토분에 심은 식물들이 가득한 거실. 해가 잘 드는 곳에 선반을 두고 식물을 배치해놓았다. 화이트와 우드톤의 조화가 돋보이는 거실 인테리어. 두루두루 햇빛을 받기 편하게 테이블 위에 배치하였다.

▲ 우드톤의 가구에 토분들을 배치해놓았다.
늘어지는 식물은 행잉으로 걸어 두었다.

▶ 지연 씨가 직접 그린 식물그림

식물에 감성을 더하다

빌라
@cchoroks
이태경

단순한 호기심으로 시작한 식물집사의 길.
이제는 호기심이 아닌 취미가 되어 150여 개의 식물들과
동고동락하고 있는 태경 씨의 정글하우스를 소개한다.

"저는 식물이 가진 힘이 대단하게 느껴져요. 살아있는 생명체잖아요. 계절마다 변하는 모습을 지켜보는 재미가 있어요."

초보자에서 마니아가 되기까지

2년 전, 집을 지으면서 새집 냄새(새집증후군) 때문에 고생을 했어요. 시간이 지나도 나아질 기미가 안 보여서 새집증후군에 좋은 게 뭐가 있을까 찾기 시작했죠. 그때 공기정화식물을 알게 되었어요. 처음에는 단순한 호기심이었는데, 막상 집에 들이니 관심을 갖게 되더라고요. 그 이후로 공기정화식물에 빠지게 되었어요. 하나 둘씩 모으기 시작한 것이 지금은 150여 개 정도 된답니다.

우리나라 기후 특성상 사계절을 같이 보내기는 쉽지 않아요. 때문에 식물이 자라기 좋은 환경이 무엇인지 항상 고민해요. 수시로 온도와 습도를 체크하고, 식물이 필요로 하는 것을 차츰 알아가는 과정들이 너무 재미있어요. 아마 그게 가드닝에 빠진 매력이 아닐까 싶어요.

고목에 어레인지한 행잉 식물*(네오레겔리아)*.

▲ 벽 한 쪽에는 존재감이 강한 수형의 독구리난과 메디닐라를 두었다.

◀ 오른쪽부터 장식장 주위에 자리잡은 디펜바키아, 독구리난, 몬스테라

▲ 식물들이 가득한 방 내부*(드라세나 리플렉사)*

▶ 코너에는 선반을 두어 덩굴성 식물이 자리잡을 수 있는 공간을 만들었다 *(무늬 아이비)*.

어머니가 알려주신 소중한 식물하우스

오피스텔

@sssong0084

송지혜

혼자 지내는 집이 삭막하다고 느껴질 때
집에 돌아갈 이유가 생긴다는 건 꽤 특별한 일일 것이다.
자신의 집을 특별한 공간으로 만든 지혜 씨의 집을 소개한다.

"식물은 집을 아늑하고 따뜻하게 만들어줘서 제게 큰 위로가 돼요. 늘 보는 세상이 다르게 느껴집니다."

세상에 혼자가 아님을 느끼게 해주는 존재

어머니가 돌아가신 후 의욕을 잃었던 제게 어머니가 기르시던 화분이 눈에 들어왔어요. 관심 없이 가꾸다보니 잎이 다 떨어져 앙상한 모습이 되었더라구요. 살려야겠단 생각이 들었어요. 그렇게 시작했어요. 어머니의 화분을 잘 키우고 싶다는 마음 하나로 말이죠.

아직도 서툰 점이 많고 수고스러움도 많지만 이젠 그것조차 즐기게 됐어요. 식물은 존재만으로 큰 위로를 주고 부모님 대신 저를 지켜주는 것처럼 느껴지기도 해요. 나를 반기는 존재가 있다는 것은 정말 감사한 일인 것 같아요.

식물과 교감하며 꾸준히 관심을 가지면 세상을 보는 눈도 조금 달라져요. 자고 일어났을 때 초록 식물을 보며 하루를 시작할 수 있으니까요. 안방의 작은 베란다엔 봄에는 꽃이 피는 식물로, 여름에는 행잉 식물로 이 공간을 채웠어요. 어머니가 생전 좋아하셨던 것들로 꾸몄는데 이젠 혼자만의 시간을 보내기 좋은 공간을 만들게 됐어요.

행잉으로 걸어 키우기 좋은 틸란드시아(*틸란드시아 이오난사, 수염 틸란드시아*)가 방마다 걸려있다.

수경재배로 키우기 수월한 스킨답서스를 테이블 위에 두었다. 조명과 함께 두면 깔끔한 인테리어가 가능하다. 흙이 없기 때문에 실내에서 관리하기 좀 더 수월하다.

▲ 봄에 찍은 베란다 사진. 다양한 화분에 심긴 식물들이 활짝 피었다*(녹보수, 안스리움, 무늬 마삭줄, 아클라오네마 스노우사파이어)*.

◀ 어머니가 기르시던 화분의 전후모습. 잎이 다 떨어져가던 식물을 돌봐 거실 한켠에 두었다*(벵갈 고무나무)*.

몽환夢幻적인 식물과 사람의 조화

주택

@park_yull

박율

사람과 자연의 조화를 담아내기 위해
몇 달을 투자하며 식물을 찾는 사람.
식물이 주는 짜릿한 감동을 기록하는
율 씨의 작업실을 소개한다.

"식물 키워서 건강 나빠졌다는 분은 아직 못 본 것 같아요. 저도 퇴근하고 식물 바라보며 충천하거든요."

식물과 사람의 조합, 조화

직업 특성상 인물사진을 많이 찍다보니 사진을 찍으러 자연으로 가지 않고 직접 식물을 키우면서 촬영까지 하면 좋겠다는 마음에 식물을 데려오기 시작했어요. 현재는 필로덴드론 종류와 안스리움, 무늬종 등 희귀식물을 많이 키우고 있어요.

퇴근하고 온실에서 식물을 바라보고 있으면 스트레스가 확 풀려요. 무엇인가가 점점 자라는 모습이 얼마나 보기 좋은 일인지 깨닫는 중입니다. 하지만 제일 좋은 건 제가 원하는 식물을 찾아 데려올 때입니다. 그 짜릿함과 감동은 말로 표현할 수 없어요.

소중하게 데려온 친구들을 금방 잃을 수 없어서 많이 공부하고 있어요. 식물도 동물과 같다고 생각해요. 저보다 식물을 사랑하는 분이 당연히 많겠지만, 이제 막 식물을 키우려고 하시는 분들께는 꼭 책임감을 가지고 데려오시길 권장합니다. 하지만 후회하진 않으실 거예요. 식물이 주는 특유의 분위기가 있거든요.

여러 식물이 놓인 온실. 그리고 식물과 함께 작업한 율 씨의 작업물*(몬스테라, 싱고니움, 알로카시아)*.

율 씨가 퇴근 후 혼자만의 시간을
보낸다는 온실 전경.

▲ 창가에 놓인 대형 몬스테라. 크게 자라며 다른 식물을 가리지 않도록 배치하는 것이 좋다. 충분히 큰 화분을 준비하면 더 잘 자란다.

▶ 특이한 무늬나 재질을 가진 식물들. 낯설지만 보면 볼수록 특별한 매력을 가지고 있다*(싱고니움 무늬종)*.

엄마의 취향을 닮아가는 엄마의 정원

아파트

@mimyo444

송한나

자신의 취향에 맞는 식물이 우리 집에서도 잘 자라고
또 끝까지 함께할 수 있다는 건 쉽지 않은 일이다.
남들이 가는 대로 따라가지 않고 온전히 자신만을 위한 정원을 만든
한나 씨의 집을 소개한다.

"식물은 질릴 틈이 없어요. 바로바로 표현하고 계절마다 다양한 모습을 보여주거든요."

나만의 시간이 쌓이는 공간

제가 유산을 한번 경험하고 나니 다시 임신이 되었을 때 차마 회사를 다니지 못해 그만두게 되었어요. 제게 시간이 생긴 거죠. 그때부터 베란다에 식물을 키우기 시작했어요. 그리고 이제 베란다는 온전히 저만을 위한 공간이 되었어요.

처음엔 몰랐는데 제가 보며 자란 게 엄마의 정원이어서 그런지 점점 취향을 그대로 닮아가더라구요. 엄마가 좋아하시던 '꽃'이 있는 식물, 제라늄을 시작으로 지금은 폭넓게 키우고 있습니다.

혼자 식물을 키우다보니 조금 외로울 때도 있었어요. 하지만 SNS를 통해 새로운 인연들과 소통할 수 있어서 이 취미를 이어왔죠. 지금은 씨앗을 채종해서 다시 파종하는 재미에 빠졌어요. 태교로 시작해서 삶의 일부가 되어버렸어요. 이젠 제 아이들에게 이 아름다움이 전달되길 바라고 있어요.

▲ 한나 씨네 베란다, '미묘의 정원'. 정남향 방향이라 해가 잘 들어 더 따뜻하게 보인다*(스트렙토카르퍼스, 넓은잎 고무나무, 무늬 고무나무).*

◀ 여기에는 사랑초(왼), 제라늄(오)도 같이 키우고 있다.

식물과 잘 어우러지면서 따뜻한 느낌을 내기 위해 원목 선반이나 테이블을 이용했다. 또 비슷한 색상의 토분을 활용해 전체적으로 톤을 맞췄다 *(알리고무나무)*.

꿈을 키워주는 나만의 여행지

아파트
@iyan.days
최정인

자연으로 여행을 떠날 수 없으니
집을 자연으로 만들어 버렸다.
일상이 여행이 되는 집. 정인 씨네 집을 소개한다.

"식물이 꽃을 피우는 모습은 경이로움 그 자체예요. 가끔은 식물 안에 온 우주가 담겨 있다는 생각이 들어요."

자연스럽고 빈티지한 아름다움

어렸을 때 외할머니댁에 가면 무화과나무가 있었어요. 그 주변엔 온갖 꽃들이 철마다 가득했어요. 자연스럽게 자연을 접한 거죠. 그래서인지 카메라를 들고 여행가는 걸 좋아했는데 이제 저의 여행지는 집이 되었어요.

집에서 식물을 바라보는 것도 힐링이 되는데 제 딸아이는 식물을 그려보며 일러스트레이터를 꿈꾸게 되었어요. 플로리스트가 되고 싶은 딸아이의 친구도 꿈의 집이라며 감탄하곤 합니다. 제가 좋아하는 것을 주변 사람도 좋아해주는 건 가드닝의 또 다른 즐거움이에요.

저는 많은 분들이 식물의 특성을 고려해서 알맞은 식물을 키우시면 좋겠어요. 하루를 특별하게 만들어주는 고맙고도 특별한 존재가 식물이니까요. 소중하게 키울 마음과 함께하시길 바랄게요.

선반, 스툴 등에 화분을 올려 실내에서도 빛을 잘 받을 수 있게 두었다 *(알로카시아, 안스리움 클라리너비움, 목베고니아, 몬스테라 오블리쿠아).*

EST 1928

정인 씨네 거실 풍경. 높낮이가 다른 선반을 두어서 골고루 햇빛을 받을 수 있게 했다. 우드톤의 가구와 화분을 둬서 따뜻한 느낌을 주었다. 테이블 위에는 튤립이나 제라늄 등 꽃이 피는 식물을 심어두면 환한 분위기를 만들 수 있다*(몬스테라, 안스리움 클라리너비움, 알로카시아)*.

하니 씨네
화이트 플랜테리어

아파트
@hani.home
심현정

식물을 돌보는 것은 생각보다도 어려운 일이다.
자신이 돌볼 수 있는 선에서 절제하며
식물을 오래 보기 위해 노력하는 현정 씨의 집을 소개한다.

"식물과 가구, 소품까지 전반적인 조화가 중요해요."

깨끗하고 맑고 아름답게

처음에 식물을 키우게 된 건 홈스타일링에 대한 관심 때문이었어요. 몬스테라처럼 쉽게 시작할 수 있는 식물부터 시작해서 지금은 여인초, 아레카야자, 디시디아, 스킨답서스, 크리소카디움, 박쥐란 등 점차 종류를 늘려가고 있어요.

인테리어에 관심이 많은만큼 심플한 디자인의 가구 옆엔 잎이 풍성한 식물을 배치하고, 소품이 많은 공간에는 깔끔한 선인장이나 작은 화분을 배치하곤 합니다. 식물 하나만으로도 훌륭한 오브제가 된다고 자부할 수 있을만큼 잘 어울려요.

그 전에 제일 중요한 건 식물의 특성을 먼저 고려해야 하는 것이죠. 그리고 하나 더 중요한 게 있다면 집을 이해하는 것입니다. 우리집에서 햇빛은 어디가 강하고 어디가 가장 건조한지 등… 집의 환경을 한번 파악해 보세요.

화이트와 골드, 그린의 조합으로 완성된 거실풍경*(황야자, 큰 극락조화, 몬스테라)*.

하얀 공간과 잘 어울리는 밝은 색의 화기를 골랐다. 선반의 특성에 맞게 행잉 식물을 걸어도 되고 선반 위에 직접 두어도 된다. 대신 너무 그늘진 곳에만 두지 않게 종종 자리를 바꿔주는 것이 좋다*(립살리스, 무늬아이비, 몬스테라, 스킨답서스)*.

야자나 몬스테라처럼 크게 자라는 식물에는 큰 화분이 필요하다. 하지만 흙 관리가 어렵다면 테이블 아래의 몬스테라처럼 수경재배를 하는 것을 추천한다*(박쥐란, 황야자)*.
오른쪽 사진처럼 흙에 몬스테라를 키우면 양분관리가 조금 더 수월하다.

50

4평 복층
플랜테리어

오피스텔

@seongbinlim

임성빈

환한 햇살, 초록식물들이 주는 상쾌함,
그리고 날씨에 따라 색다른 집안 분위기를 느낄 수 있는 곳,
바로 성빈 씨의 4평 복층집이다.

50

THE LION KING

"빈 공간은 하얀 스케치북과 같아요. 어떻게 채워가냐에 따라 전혀 다르게 변하니까요. 저는 식물과 공존하며 생기를 채워가고 있어요."

식물을 위한 플랜테리어

플랜테리어를 할 때 공간과 식물의 조화는 중요해요. 하지만 그보다 식물과 함께 공존할 수 있는 공간을 만들어 가는 것이 먼저라고 생각해요. 식물이 나의 생활 공간에 자연스럽게 어울리는 것은 플랜테리어를 쉽게 할 수 있는 방법 중 하나랍니다.

지금 살고 있는 집은 구조적으로 층고가 높아 전체적으로 넓고 밝은 분위기예요. 다만, 복층 구조라 공기순환에 어려움이 있답니다. 그 때문에 큰 식물은 바닥에, 작은 식물은 창가에, 덩굴성 식물은 행잉으로 걸어서 연출하고 있어요.

계절별 동향 침대 모습. 머리맡에 행잉 식물을 두고 베드테이블과 창가에 화분을 둔 모습이다.

창가에 배치한 식물들의 모습. 책상 앞에는 작은 화분들 속에 담긴 식물들이 있다. 저녁에는 다른 창가에 있던 전구등을 켜 아늑한 분위기를 연출한다*(필레아페페, 벵갈 고무나무)*.

▲ 복층구조를 이용한 행잉 플랜테리어. 높은 천장에 행잉을 설치하면 큰 공간을 차지하지 않고 집을 식물로 채울 수 있는 방법이다*(다이콘드라, 박쥐란, 수염틸란드시아, 황야자, 몬스테라)*.

▶ 틈새 공간엔 라탄을 활용한 인테리어 소품을 두었다. 그린색과 잘 어울리는 색과 소재를 두어 따뜻하고 편안한 느낌을 만들었다.

나만의 힐링 플랜테리어

아파트

@co_bon

최민선

홈가드닝은 전문가가 아니더라도 충분히 즐길 수 있는 취미이다.
가족이 함께 관심을 가지고 돌본다면
가족과의 시간이 좀 더 특별해질 것 같다.
온 가족의 마음을 훔쳐간 민선 씨의 집을 소개한다.

"마다카스카르 자스민은 넝쿨진 자태가 예쁘고 황백색 꽃의 향기는 정말 매혹적이에요."

시간과 열정을 쏟는 공간

사회생활로 참 많이 지쳐 있을 때, 얽힌 실타래처럼 엉켜 있던 제 마음을 하나하나 풀어준 게 식물이에요. 인테리어로도 좋고 공기정화에도 좋지만 무엇보다 교감하며 살아갈 존재라는 게 가장 좋은 것 같아요.

주로 베란다를 꾸미곤 하지만 특별히 가리는 곳은 없어요. 전문적인 노하우가 없어도 괜찮아요. 식물의 특성을 알아보고 아이를 돌보듯 꾸준한 관심을 주면서 키우고 있습니다.

특별한 화분을 사지 않아도 괜찮아요. 전 다이소에서 천 원에 구매한 화분에서 토마토 새싹이 피었을 때 정말 행복했거든요. 여러분도 식물이 주는 100배의 행복을 느껴보시길 바랄게요.

거실에 잘 어울리는 큰 수형의 식물을 두고 그 옆에 행잉 식물을 두거나 작은 식물을 두어 과하지 않으면서 조화롭게 보이도록 했다*(황야자, 스킨답서스)*.

민선 씨네 거실 창가는 역시 식물들이 차지했다. 바닥에 두지 않고 수납장 위에 두면 보기에도 예쁘고 관리하기도 편리하다*(몬스테라, 황야자, 큰 극락조화, 떨갈잎 고무나무, 드라세나 콘시나 트라코 드라세나, 피토니아, 페페로미아)*.

▲ 욕실에도 작은 식물을 두어서 마치 휴양지에 온 기분이 들게 했다.

▶ 야자와 같이 큰 식물이 거실에 있으면 많은 공간을 차지할 것 같지만 생각보다 훨씬 멋들어진 인테리어 효과를 준다.

식물과 함께 더불어 살아가는 도둥이네

아파트

@도둥이네

도둥

백문이 불여일견이다. 아무리 이론적으로 많이 들어도
직접 키워보며 잘 자라는 것을 확인하지 않으면 모르는 것이 많다.
식물을 돌보면서 자신도 돌아보고 있는
도둥이네 집을 소개한다.

"식물을 잘 자라게 하는 방법을 배워가고 있어요. 반려식물을 만나는 건 정말 행복한 일이에요."

식물의 손길이 필요한 사람

식물이 자연에서 자라면 비교적 사람의 손길이 필요하지 않아요. 하지만 집에서 키우는 식물에겐 꼭 필요하죠. 그래서 더 애정을 쏟게 되는 것 같아요. 그런데 신기한 건 그만큼 제게 투자하는 느낌이 들어요. 저만의 시간에 저만을 위한 특별한 취미라서 그런 걸까요?

어떤 식물을 들여와야 하나 고민하기도 했는데, 특별히 환경을 고려해야 하는 식물이 아니라면 제일 마음에 드는 식물부터 시작하기로 했어요. 그렇게 되면 잘 키우고 싶은 마음이 절로 들거든요. 실수할 수도 있지만 좋아하는 마음으로 살펴주면 식물이 죽지 않고 잘 자랄 수 있는 것 같아요.

도둥이네 베란다 모습. 식물을 돌보면서 쉴 수 있도록 러그와 방석, 라탄 소재의 테이블을 두었다. 색이 비슷한 원목가구와 라탄 소재들이 베란다를 더 환하게 만들어준다*(제라늄, 벤자민 고무나무 스타라이트, 알로카시아 공고)*.

가구를 한 자리에 두지 않고 그 때그때 새롭게 배치하면 많은 비용을 들이지 않아도 색다른 인테리어 느낌을 줄 수 있다*(몬스테라, 크리소카디움, 무화과, 스파티필럼)*.

식물도 항상 제자리에 두지 않아도 된다. 필요에 따라 분갈이 후 베란다, 거실 등으로 옮겨서 감상하면 좋다 *(크리소카디움, 에니시다, 몬스테라).*

꽃을 담은 너,
널 담은 나.

식물에게 위로 받는 플랜테리어 하우스

아파트

@bomini0430

김보민

내가 처음에 반해서 데려온 식물은 평생 예쁜 모습만 보여주지 않는다.
꽃을 피우기 위한 과도기가 설령 예쁘지 않더라도
묵묵히 그 시간을 기다릴 줄 아는 보민 씨의 집을 소개한다.

"내가 서툴고 부족해도 예쁜 꽃과 잎을 보여주다니… 하지만 예쁘지 않아도 제게 위안을 주는 게 식물이에요."

좋아하는 것으로 가득찬 집

코로나19 이후로 여행도 휴가도 반납한 채 집과 병원에만 왔다갔다 했어요. 직장에 갇혀 사는 느낌이었죠. 그래도 반려동물과 반려식물들이 있어서 안정이 되는 느낌이에요. 긍정적인 생각도 자주 하려고 하고요.

가장 먼저 집에 들인 식물은 해피트리였어요. 시어머니께서 집들이 선물로 주셨어요. 식물 사랑이 남다른 시어머니의 따뜻한 마음에 끌려 저도 키우게 됐어요. 남을 돌보는 직업 특성상 혼자 삭이는 게 많았는데 해피트리를 가꾸면서 마음이 풀리더라구요. 그래서 지금처럼 더 많은 식물을 키울 용기도 얻었어요.

물론 식물이 항상 예쁜 모습만 보여주는 건 아니에요. 설령 예쁘지 않더라도 기다리면서 아껴주면 나중엔 더 많은 위안을 얻으실지도 몰라요. 어느 순간엔 저처럼 식물에 빠져 있을 수도 있어요.

식물과 오브제의 조화가 돋보이는 보민 씨의 방(*황야자, 박쥐란, 안스리움 클라리너비움, 칼라데아 오르비폴리아, 몬스테라*).

RAFOLS-CASAMA

보민 씨네 한쪽 벽은 식물을 배치하는 공간이다. 선반에 작은 화분들만 놓지 않고 다른 오브제들과 함께 두어 인테리어 효과를 더했다*(무늬 몬스테라, 알로카시아, 스킨답서스, 호야, 몬스테라 아단소니, 립살리스)*.

Flower Color Guide
Natural Palettes

6평 플랜테리어
나만의 작은 숲

오피스텔

@nanibree

박지윤

식물을 단순히 소품으로 보지 않고
자신과 같이 살아있는 존재라는 걸 항상 의식하며,
식물과 공존할 수 있는 환경을 만들고 있는 지윤 씨의 작은 숲을 소개한다.

“식물을 위하는 마음과 거기서 나오는 행동들이 바로 식물에 대한 책임감이 아닐까요?”

비밀의 숲

정신적으로 많이 지쳤을 때 애정을 쏟고 몰두할 만한 대상을 찾았어요. 그래서 자연스럽게 집에 식물들이 늘어나게 됐죠.

침대에 누우면 바로 옆에 큰 식물이 자라고 있고, 눈 앞엔 작은 화분들에 담긴 식물들이 빼곡하게 자리잡고 있어요. 마치 숲으로 퇴근하는 느낌이에요. 이 많은 식물을 어떻게 관리하나 싶으실 텐데 오후에 출근하거나 2~3일에 한 번씩 쉬다 보니 직장인임에도 상대적으로 식물을 돌보기에 적합하답니다.

베란다조차 없는 작은 공간이다 보니 창가 앞의 한정된 햇빛이나 충분하지 않은 통풍, 공중 습도를 고려하는 게 조금 어려운 점이에요. 계속 위치를 계속 바꿔야 하거든요. 그래도 앞, 뒤로 건물만 보이는 삭막한 곳이 아닌 행복을 충전하는 따뜻한 공간이 되어서 만족스러워요.

해외 리빙 SPA브랜드에서 출시한 화기들이 눈에 띈다. 흔하지 않은 화기들에서 지윤 씨의 감각적인 취향이 돋보인다*(떡갈잎 고무나무, 크로톤, 아스파라거스, 무늬고무나무, 아펠란드라)*.

아늑하면서 깔끔한 지윤 씨의 최애 공간이다. 어디서든 식물을 바라볼 수 있어 쉼에 최적화되어 있다*(떡갈잎 고무나무, 남천, 크리소카디움, 아가베아테누아타)*.

▲ 지윤 씨의 취향이 물씬 풍기는 공간. 식물과 다른 소품들을 배치해놓았다*(황야자, 칼라데아 오르비폴리아)*.

▶ 작은 숲이라는 말이 잘 어울리는 포토존이다. 화분을 행잉으로 걸어 거울 주변이 식물로 둘러싸인 것처럼 보이게 했다*(필로덴드론 레몬라임)*.

Part 2.

랜선
플랜트 집들이
– 해외

29.3
55

시원하게 자라는 열대 관엽 플랜테리어

싱가포르

@aliyns2cats

장현아

새로운 변화가 기대되지 않고 오히려 귀찮을 때가 있다.
그간 다져온 일상에 대한 아쉬움이 들기도 한다.
요즘 다른 일상이 생겼다는 현아 씨의 집을 소개한다.

"좋아하는 식물은 정말 많아요. 하지만 잘 자랄 수 없는 환경인데도 막 데려오는 식물수집가가 되고 싶진 않아요."

키우고 싶은 식물 마음껏 키우는 삶

이직을 하면서 삶에 여유라는 것이 생기자 식물에 관심을 가졌어요. 막상 실제로 키워보니 제가 좋아하는 식물이 한국에서 잘 자라지 못하더군요. 싱가포르로 이주한 후에 다시 그 식물을 키우니 무럭무럭 잘 커서 정말 만족스럽습니다.

저는 베란다에서 식물을 키우고 있어요. 야외 베란다는 직사광선을 적당히 막아주는 구조라 식물을 맘껏 풀어놓고 군집을 이뤄 자라게 하고 있어요. 열대 관엽들이나 고사리류, 베고니아 등이 자라고 있습니다. 덕분에 푸른 하늘 아래 짙은 녹음을 누리고 사는 기분이에요.

식물을 키우니 일조량이나 절기의 변화, 햇빛의 각도 등 자연의 변화에 민감해졌어요. 그 덕일까요? 단조로운 것 같은 일상에 새로운 관계들이 생기는 게 즐거워졌습니다. 새로운 관계가 필요없다고 생각했었는데 이젠 현지 사람들과 교류하며 외롭지 않은 싱가포르 생활을 하고 있어요.

현아 씨네 베란다 모습. 물주기도 편리하고 빛도 잘 들어 식물도 동물도 편안하게 쉴 수 있는 공간이다.(*립살리스, 무늬 몬스테라, 알로카시아, 필로덴드론 '레몬라임', 렉스베고니아, 호야, 싱고니움, 안스리움 클라리너비움*)

알맞은 온도와 습도로 무럭무럭 자라고 있는 알로카시아

▲ 특이한 무늬의 몬스테라이다. 베란다 구조물과 잘 어울린다. 화분에 키우기 어려운 야자나무 대신 베란다에 자리잡고 있다.

▶ 종류별로 식물을 키우고 있는 모습

라탄과 열대식물로 만드는 어반정글

캐나다
@official_isupermodel
권민정

반려동물과 함께 사는 것처럼 반려식물과 살고 있다는 민정 씨.
어린 잎이 자라는 설렘을 진정으로 즐기면서 매일
자신을 위한 설렘을 만들어가고 있는 그린 하우스를 소개한다.

"인테리어적 요소라고 생각했던 식물이 주는 기쁨을 느껴 보세요. 꽃과 잎을 피우는 예쁜 친구들 덕에 매일 설레는 마음으로 일어난답니다."

긴 겨울도 싱그럽게 만드는 식물

캐나다로 이민 오면서 시간적인 여유가 생겼습니다. 카약이나 하이킹 같은 운동을 하고 돌아오면 주로 집에서 여유시간을 보내곤 했어요. 친구에게 식물을 선물 받아서 키우기 시작했는데, 요즘은 제가 더 신이 나 직접 오프라인 매장에 구경가곤 합니다. 캐나다의 긴 겨울도 열대식물과 함께 살면서 버티고 있어요. 거기에 라탄소재를 더해 싱그러움을 더했습니다.

사실 처음엔 반려동물보다 상실감이 적을 거라고 생각했었어요. 그런데 식물과 이별해보니 너무 아프더라구요. 그 이후론 반려식물로 생각하며 살고 있습니다. 매일 새로운 꽃과 잎을 보면 감동하는 즐거운 하루하루를 보내고 있어요.

요즘은 키운 식물을 나누는 재미로 살아요. 식알못(식물을 알지 못하는) 남편까지 동참시키고 친구들과도 함께 식물을 기르고 있어요. 집에서 조용히 있는 걸 좋아하는 분들이라면 식물 키우기를 추천할게요. 집에서 자연을 느낄 수 있답니다.

TODAY'S
SPECIAL

◀ 다양한 라탄 소재의 화분이 배치된 거실의 모습. 크고 작은 화분 외에 행잉까지 대부분 라탄소재로 이루어져있다. 여기에 토분이나 다른 재질의 화분을 더했다.(*떡갈잎 고무나무, 큰극락조화, 행운목, 스킨답서스 '라임', 스킨답서스, 필로덴드론*)

▲ 남편 분이 정글처럼 느껴진다고 하는 거실의 모습. 소파 커버까지 전부 초록 식물로 둘러싸인 느낌을 준다.(*필로덴드론*)

▼ 거울 옆에 행잉식물과 아주 작은 식물을 배치해 거실 한쪽 면을 꾸며놓았다.(*스킨답서스*)

평화로움이 느껴지는
매력적인 플랜테리어

캐나다

@dorringtonr

도링턴 리드

식물과 함께 있다는 것이 너무 행복하다는 그.
그래서인지 리드 씨는 매일 식물로 하루를 시작해 식물로 끝난다.
식물에게 푹 빠져있는 리드 씨의 매력적인 플랜트 하우스를 소개한다.

"식물은 제게 평화로운 일상을 선물해줬어요. 나뭇잎에 있는 먼지를 닦아낼 때면 평소에 생각하는 고민과 생각들까지 같이 닦아내고 다시 마음에 안정을 찾곤 합니다."

예쁜 도시에 영감을 받은 집

처음부터 식물을 키우려고 했던 건 아니었어요. 토론토에서 밴쿠버로 이사했을 때 어딜 보든 자연으로 가득 차 있는 도시 분위기에 저도 식물로 집을 꾸미게 되었습니다. 결국 토론토로 다시 이사했지만 여전히 제 집에서 식물들과 함께 살고 있어요. 부유식 선반에 여러 식물로 장식해놓고 가끔 밴쿠버를 상상하곤 합니다.

식물을 키우고 싶으시다면 주거공간의 위험사항을 점검해 보세요. 그리고 식물 배치를 고려해보시면 됩니다. 전 큰 식물들이 양쪽 사이드에 있고 중간 크기의 식물이 그 앞에, 또 더 작은 식물을 제일 앞쪽에 배치해서 층을 이루는 삼각형을 만들곤 해요.

만약 첫 식물을 두고 고민하신다면 필로덴드론이나 스킨답서스 종류를 키워보세요. 성장 속도가 빨라서 눈으로 보는 재미가 있어요. 제가 밴쿠버를 상상하는 것처럼 여러분만의 멋진 풍경을 상상하면서 키우면 더 즐겁고 멋진 경험이 될 거예요.

거실에 있는 부유식 선반에는 여러 종류의 식물들로 가득차 있다.(*칼라데아 마란타, 알로카시아, 무늬몬스테라, 떡갈잎 고무나무, 안스리움 클라리너비움, 칼라데아 오르비폴리아*)

떡갈잎 고무나무 사이로 보이는 아늑한 침실

▲ 삼각배치법으로 진열되어 있는 식물들(*산세베리아*)

▶ 시크한 분위기를 풍기는 식물들의 공간(*필로덴드론 옥시카르디움, 칼라데아*)

자연에서 살아가고 있는 세이자 마가레타

핀란드

@plantsandcollecting

세이자 마가레타

세이자 마가레타 씨는 SNS에서
식물을 사랑하는 마음을 담은 삶을 공유하고 있다.
핀란드 헬싱키가 친근하게 느껴지게 하는 그녀를 보면
제2의 실버라이프를 꿈꾸는 세대에게 좋은 귀감이 될 것 같다.

▲ 다양한 식물을 넣어 다시 디자인한 기타 액자

◀ 중고가전 제품매장에서 데려온 티비. 티비 속에 선인장을 심어 멋스러움을 더해 주었다.

"어려서부터 식물과 함께 자라왔기 때문에 제 곁에는 늘 식물이 가득했어요. 이제는 다 큰 할머니가 되었지만 식물 수집은 이제 제 삶의 일부분이 되었어요."

리사이클 플랜테리어

저는 중고매장에 가서 인테리어로 쓸만한 제품이 없을까 하는 고민을 즐긴답니다. 중고가전 제품을 보고 있으면 머릿속에 "이 제품에 식물을 이렇게 이용해 우리집에 배치는 이렇게 해야겠다."라는 아이디어들이 많이 떠오르기 때문이죠.

사진 속에 보이는 TV도 중고가전 제품 매장에서 보자마자 머릿속에 번뜩 떠올랐던 아이디어예요. 주문한 TV가 집에 도착한 즉시 저렇게 멋진 작품을 만들었어요.

제가 만든 작품을 사람들이 좋아해줄 때 정말 행복하고 가장 큰 보람을 느껴요. 그래서 인스타그램을 통해 많은 사람과 소통하면서 식물을 이용한 작품을 공유하고 많은 사람과 소통하며 지냈더니 지금은 약 120,000명이라는 팔로워를 얻었답니다.

벽 식물 수납으로 아름다움과 안정성까지 더한 침실 스타일링(*스킨답서스, 아글라오네마*)

창가 앞을 가득 채운 립살리스와 선인장, 다육식물,

기분 좋게 햇살을 맞으며 사랑스러운 식물들을 만날 수 있는 좁은 통로

열광적인
식물 팬의 홈 스타일링

캐나다

@leaves.and.bones

에린 어윈

초록색 계열의 식물은

인테리어하기 까다로운 색이 아니라서 어디에든 잘 어울린다.

식물들과 소품들의 배치가 멋스러운 식물 팬의 홈 스타일링을 소개한다.

"여러분의 공간이 초록색으로 채워진다면 힘든 시기에 마음의 휴식처가 되지 않을까요?"

식물을 위한 식물 배치법

식물을 무척 사랑하셨던 어머니의 영향으로 저도 식물을 키우게 됐어요. 돌아가신 어머니를 기억하고자 하는 마음에 더 식물에 매진했는데 덕분에 마음의 안정을 찾게 되었어요. 이젠 제가 여가시간의 대부분을 집을 꾸미거나 식물을 돌보는 데 사용합니다.

저희 집엔 고양이와 강아지는 다행히 식물에 관심이 없어요. 물론 고양이가 마음 먹으면 어디든 올라갈 수 있죠. 그래서 최대한 쉽게 오르지 못하는 선반 위에 식물을 두고 있어요. 식물은 어디에 두든 잘 어울려서 선반 위로 올라가도 잘 크는 것 같아요.

저와 동물들 그리고 식물들까지 모두 행복할 수 있는 집을 꿈꾸고 있어요. 식물로 둘러싸인 공간에서 쉬고 있으면 고양이도 함께 휴식을 취해요. 그럴 때는 더 부러울 것이 없어요. 제게 최고의 휴식처는 집이에요.

▲ 침실 양쪽 사이드로 자리잡은 식물들 쿠션 커버 느낌과 맞춘 떡갈잎 고무나무가 인상적이다.(*드라세나 콘시나, 데코라 고무나무, 떡갈잎 고무나무, 산세베리아*)

◀ 식물의 열광적인 팬 에린 어윈(*산세베리아, 드라세나 콘시나, 인도 고무나무*)

▶ 에린 어윈이 가장 좋아하는 공간. 그렇게 크지 않는 식물들이 옹기종기 모여 있다.(*파키라, 페페로미아, 필레아 페페, 스킨답서스 '엔젤'*)

벽에 자리잡은 스킨답서스와 칼라데아 오르비폴리아, 떡갈잎 고무나무가 멋스러움을 더 해주고 있다.

▲ 반려동물 고어와 레오가 식물과 함께 빛을 느끼고 있다.(*큰극락조화*)

▶ 길게 쭉 늘어져 있는 모양이 멋스러운 스킨답서스 엔젤

사랑 가득한
플랜트 하우스

스웨덴

@lina_karlstrom

리나칼스트

조명과 식물의 조화는 이루 말할 수 없이 아름답다.
차분한 분위기 속 은은한 불빛의 반짝임이 아름답고
사랑이 가득한 플랜트 하우스를 소개한다.

"식물을 기르는 장점은 자연과 함께 하는 즐거움을 실내에서도 느낄 수 있다는 점이에요. 자연과 많은 시간을 보낼 수 있는 최고의 선택이에요."

식물을 사랑한다는 것

보통의 조부모님들과 같이 저의 할아버지도 꽃을 사랑하는 분이셨어요. 어떤 식물도 잘 기르시던 할아버지와 지내며 꽃과 식물이 자라는 걸 함께 보고 자랐죠. 제가 식물을 키우는 건 어찌 보면 당연한 수순이었어요. 그건 일상에서 굉장히 자연스러운 일이었거든요.

제가 보고 자랐던 것처럼 제 아이들도 자연을 많이 접하면서 자라길 바랐어요. 지금은 친구들이 집에 오면 자랑스럽게 이 '정글'을 자랑합니다. 저희의 정글은 굉장히 차분해요. 부드러운 빛을 사용하고 은은한 불빛을 내는 전구들로 아늑한 분위기를 만들었어요. 아이들은 그 속에서 같이 식물을 돌보기도 하고 각자 여가 시간을 보냅니다.

그리고 모두가 집에 있는 식물을 열심히 사랑해줘요. 덕분에 필로덴드론은 제 키만큼 자랐어요. 가능한 함께 이 식물들을 소중히 여겨 더 오래 즐기려고 합니다. 아이들이 이 집을 더 자랑스럽게 여기도록 말이죠.

식물과 잘 어울리는 녹색 옷을 입은 두 자매가 게임에 몰두하고 있다.(*목베고니아, 필로덴드론 옥시카르디움, 싱고니움*)

조명의 영향으로 인해 편안한 분위기를 보여주는 식물이 가득한 거실

가습 케어를 받고 있는 리나칼리스트 집의 식물들

아이가 멋진 식물을 배경 삼아 예쁜 빛을 받으며 춤을 추고 있다.

일본 가드너의 집

일본

@rie.751

리에

높은 천장과 하얀 벽 때문인지 식물이 더 돋보인다.
식물뿐 아니라 어떠한 물건을 두더라도
멋진 홈 인테리어가 가능한 리에 씨의 집을 소개한다.

"처음엔 작았던 식물이 점점 큰 벽을 덮어가며 성장하는 것을 보면 말로 다 전할 수 없는 뿌듯함과 행복감을 느껴요. 식물에 대한 애정이 같이 커지는 느낌이에요."

식물에게 사랑을 나눠주다

새로 이사하면서 천장도 높고 지붕에 창문이 있는 집이라 정말 좋았어요. 빛이 잘 들어와 내부가 밝은데 벽도 흰색으로 해놓으니 어떤 물건이든 잘 어울릴 것 같았어요. 그런데 인테리어 공사를 끝낸 뒤에도 어딘가 조금 부족하게 느껴졌어요.

그래서 거실에 넓은잎 고무나무라는 식물을 들였더니 그제서야 이 집이 만족스럽더라고요. 모든 공간은 제 개인적인 취향으로 디자인했어요. 그래서 전 이 집 구석구석까지 모든 공간을 좋아하게 되어버렸답니다.

가장 좋은 점은 일단 이 집에서 버리는 공간이 없다는 거예요. 식물을 돌보러 이곳저곳 다 돌아다니니까요. 가끔 주변에서 힘들지 않냐고 하는데, 식물은 어릴 때부터 당연히 함께 산다고 생각해서 오히려 제 삶에서 없으면 허전한 존재가 되어버렸어요. 그래도 식물을 과보호하진 않아요. 자주 환기만 시켜 주고 집에 적응할 수 있게 처음 배치한 자리에 그대로 두는 편이에요.

휴식을 위한 공간에는 시서스와 파키라, 벵갈고무나무가 자리하고 있다.

◀ 집으로 들어오는 입구에서부터 사람들을 반겨주는 행잉식물과 화분식물들(*립살리스, 네프롤레피스*)

▲ 높은 천장에 포인트를 주는 박쥐란

▼ 욕실에 자리잡은 식물들(*박쥐란, 대엽홍콩야자, 아스플레니움*)

폴란드
식물 애호가의 집

폴란드

@interioryesplz

베로니카

식물의 매력에 한 번 빠지면 헤어나기 어렵다.
초록색의 식물을 하나 둘 들였다가 정글하우스를 만들고 있는
폴란드 식물 애호가의 집을 소개한다.

"저는 하루종일 식물들과 대화를 나누곤 해요. 농담처럼 들리겠지만, 식물들에게 말을 걸다보면 가끔 제 말을 듣고 있는 것 같다고 느낄 때가 있어요."

나에게 식물은 힐링

폴란드에서 유학을 하게 되면서 저만의 공간에 식물을 들이기 시작했어요. 지금은 이 나라에서 가장 친한 존재가 수년간 함께한 식물입니다. 유럽에서 난이 인기를 얻을 때 저도 난에 빠졌어요. 책도 많이 찾아보고 난 협회에도 가입했죠. 이젠 집에 식물이 하나도 없으면 너무 텅 빈 공간처럼 느껴져요. 사람이 살아갈 때 꼭 필요한 자연이 없는 느낌인 거죠. 식물 하나만 들여놔도 삶에 긍정적인 영향을 준다고 생각해요.

전 3개의 큰 창문이 있는 원형 거실을 가장 좋아해요. 모든 식물이 창문 가까이에 있기 때문에 거실로 나가면 싱그러움이 가득해요. 아침에 거실에서 요가를 하는 시간이 제 삶에 가장 행복한 순간이에요. 식물에 둘러싸여 요가를 하면 정말 제대로 쉬고 있다는 생각이 들어요.

마음의 안정을 찾고 일에 집중하고 싶은 분들이 계시다면 책상에 한 개의 식물을 놓아보세요. 많은 영감을 받을 수 있고 관리하기도 가장 편리합니다. 많은 시간을 보내는 곳에서 식물과 많이 대화하면 분명 조금씩 친밀해질 거예요.

▲ 책상 위를 가득 채운 식물(*몬스테라, 알로카시아, 페페로미아 오브투시폴리아[청페페]*)

▼ 선반 위에 놓여있는 틸란드시아 세로그라피카와 접란

베로니카가 마음에 안정을 찾고 진정할 수 있도록 도움을 받는 공간(*몬스테라, 페페로미아, 싱고니움, 틸란드시아*)

▲ 큰 창 앞에서도 유난히 돋보이는 몬스테라 와 떡갈잎 고무나무

◀ 큰 몬스테라 사이로 새로 나오는 어린 잎

시애틀
식물 간호사의 집

미국

@nunaratus

권숙희

그녀가 식물과 처음 만난 것은 이웃이 키우던 식물을 전해 받았던 순간이다.
많이 아팠던 식물들을 정성껏 치료하며 돌봐준 덕분일까?
이제는 70여 개가 넘는 식물들에게 오히려 많은 힐링을 받고 있는
식물 간호사의 집을 소개한다.

"식물을 사랑하는 마음 하나보다는 인내심을 가지고 꾸준히 한결같은 마음으로 아껴준다면 식물도 감사한 마음을 표현해 줄 거예요."

2년 간 쏟은 사랑과 정성과 보답

보통 건강한 식물을 데려와도 잘 못 키운다고 하는데, 전 대부분 이웃이 키우기 어려워진 식물을 데려와서 키우기 시작했어요. 처음엔 정말 힘들었는데, 제가 쏟은 사랑과 정성을 알았는지 새 잎이 나오고 꽃이 펴 다시 이웃들에게 나눠줄 정도로 건강해졌어요. 이런 아이들을 바라보고 있으면 밖에서 겪는 코로나19나 인종차별문제도 이겨낼 힘을 얻곤 합니다. '끊임없이 노력하면 충분히 극복할 수 있지 않을까?'하며 희망이 마구 생겨요.

이사오기 전에도 홈가드닝에 관심은 많았어요. 미국에서 첫 집을 샀을 때 집 앞의 풀밭을 영국식 정원으로 바꾸니까 정말 좋더라구요. 거주하는 곳이 어디냐에 따라 조금씩 다르지만 꽃으로 집을 꾸미면 집에 활기가 생기더라구요. 사는 맛이 난다고 할까요? 물론 인내가 필요하지만 그 열매는 매우 달다는 것을 알고 있어서 힘이 나요.

▲ 창가 앞, 건강해진 식물들이 무성하게 자라 해를 바라보고 있다.(*큰극락조화, 아로우카리아, 필레아 페페, 무늬 고무나무*)
◀ 숙희 씨의 반려동물이 거실에서 무성하게 자란 식물을 바라보고 있다.

▲ 침실에는 너무 많지 않은 식물을 배치해 심플한 플랜테리어를 보여주고 있다.

◀ 자연광과 함께 편안한 식물들의 배치로 힐링 반식욕을 즐길 수 있다.(*사랑초, 떡갈잎 고무나무*)

▲ 길게 늘어지는 식물을 책장에 배치해 멋스러움을 더해주었다.(*필로덴드론 옥시카르디움, 얼룩자주달개비, 필레아페페*)

▶ 나른한 오후 식물들에게 둘러싸여 차 한잔 마시며 휴식을 즐기고 있는 순간

원룸형 아파트 플랜테리어

영국

@sophiesgaff

소피힐

식물이 궁금해서 시작된 식물 집사의 길.
점점 식물에 대한 사랑을 키워 지금은 150여 개가 넘는 관엽식물과
함께 살아가고 있는 소피힐 씨의 집을 소개한다.

"자신을 위한 것이든 다른 사람을 위한 선물이든 간에 저는 식물이 사람에게 가장 친절하고 많은 도움을 준다고 생각해요."

보헤미안 X 관엽식물

처음에는 옆집 이웃이 키우는 관엽식물을 자주 보기만 했어요. 해가 잘 드는 날엔 창가에 식물들이 가득했죠. 생각보다 번거로운 것 같은데 왜 키우는 건지 궁금해진 저는 직접 식물을 키워보기 시작했고, 지금은 플랜테리어 계정까지 만들어서 소통하고 있어요. 이젠 오히려 식물 키우기가 어렵지 않냐고 묻는 사람들에게 얼마나 좋은지 설명해주고 식물을 추천해주기도 해요.

전 제 집을 더 편안하게 만들어가고 있어요. 주기적으로 가구와 소품의 배치를 바꾸기도 해요. 제 마음에 들 때까지 이리저리 바꾸며 편안한 공간을 만들려고 노력하고 있어요. 지금은 다양한 천연소재와 보헤미안 소품을 두고 관엽식물을 키우고 있어요. 마크라메 장식과 식물 조합이 너무 잘 어울려서 만족하고 있어요.

패브릭과 보헤미안, 관엽식물이 모두 모여 편안한 거실 분위기를 자아내고 있다.(*몬스테라, 스킨답서스, 네프롤레피스*)

식물 패턴의 침구 주변으로 식물을 배치한 침실. 소피힐의 식물 사랑을 보여준다.(*엽란*)

TV를 보는 동안에도 식물이 지닌 녹색이 눈의 피로를 덜어준다.(*디펜바키아, 드라세나 콘시나, 무늬 고무나무*)

▲ 창가 앞 안정적이게 놓여 빛을 받고 있는 몬스테라의 모습이다.

◀ 몬스테라 오블리쿠아를 욕조에서 저면관수 해주고 있다.

▶ 식물을 위한 배치이지만 인테리어적으로도 완벽한 욕실 플랜테리어.

따뜻한 플랜테리어 디자인

러시아

@elena_morozv

엘레나

힘든 시간에 식물들에게 위로와 치유를 받았다는 그녀.
이제는 그 감사함을 식물에게 돌려주고 있다는
엘레나의 집을 소개한다.

"식물에게 사랑을 주면 꼭 제게 배로 돌려줬어요. 더 많은 사랑을 받으니까 식물을 돌볼 때마다 저를 돌보고 있다는 생각이 들어요."

큰 힘을 주는 식물

제 집이 집처럼 느껴지게 만든 건 식물이었어요. 텅 빈 공간 같은 느낌이 있었는데 식물이 들어오고 나서 달라졌어요. 지금도 새로운 식물이 들어오면 제가 알던 공간이 아닌 느낌에 그저 놀라곤 해요. 제가 힘든 시기에 식물집사를 자처한 건 이런 식물의 힘이 있었기 때문이에요.

집의 모든 곳에 식물을 둘 필요는 없는 것 같아요. 힐링할 수 있는 공간에만 식물을 둬도 충분합니다. 저도 여러 공간에 식물을 두었지만 진짜 쉬고 싶을 땐 가는 장소가 있어요. LED 조명을 달아놓고 베개와 담요도 가져다놨어요. 편하게 쉬면서 차를 마시거나 명상을 하곤 해요. 거창한 인테리어가 필요하지도 않아요. 식물 하나부터 시작해보세요.

◀ 따뜻한 분위기의 조명과 식물들이 편안함을 주고 있다.(*알로카시아, 칼라데아*)

▶ 행잉식물에게 물을 주고 있는 엘레나의 모습이다.

창가 앞 시간대별 식물의 모습을 사진으로 기록했다.(*알로카시아, 제라늄*)

▲ 오전의 햇살을 듬뿍 받고 있는식물들(*알로카시아 아마조니카, 산세베리아, 떡갈잎 고무나무*)

▶ 쇼파베드 위 행잉식물과 바로 앞 관엽식물이 아침을 행복하게 맞이해 줄 수 있도록 배치되어 있다.

행잉 그리너리
가드너의 집

프랑스

@zebodeko

버깃데페페

유행을 따르지 않고 본인의 취향을 지키기 어려운 시대.
관습에 얽매이지 않고 나만의 정원을 창조하는 가드너가 있다.
식물 가득한 휴식과 안정의 공간, 패페 씨의 그리너리 하우스를 소개한다.

"자신을 의심하지 마세요. 내가 한 선택에 용감해지고, 관습에 얽매이지 않아도 됩니다. 취향 따라, 마음 가는대로 플랜테리어를 시작하세요."

나만의 셀프 플랜테리어

플로리스트인 어머니는 늘 제게 식물을 가꾸는 법을 일러주셨어요. 덕분에 어려서부터 집과 정원을 디자인하는 걸 좋아했어요. 지금도 저희 집은 제가 손수 만든 행잉식물로 가득하답니다.

식물은 제 삶에 오아시스와도 같아요. 지친 몸과 마음에 안정을 줄 수 있는 휴식공간이자, 꿈을 펼칠 수 있는 공간이기도 해요. 사실 저는 유행하는 인테리어를 무조건적으로 따르는 편은 아니에요. 주변에서 쉽게 볼 수 있는 자연 소재(돌, 갈대, 조개 등)를 사용해 플랜테리어를 완성하기도 하죠. 취향과 상상력이 더해지면 조금 더 특별한 공간이 되거든요.

꾸준한 애정으로 만들어진 보니타 카시타 정원은 저의 힐링 스팟이에요. 이른 저녁에 이곳 라운지에 앉아 칵테일 마시는 걸 좋아해요. 정원은 푸르름과 붉은 노을의 분위기는 마치 캔버스를 연상케 한답니다. 여러분도 꿈꾸는 것이 있다면, 지금 바로 시작하세요. 창조는 도전할 때 비로소 빛을 발하는 법이니까요.

라탄 소재와 행잉식물로 디자인한 침실 인테리어이다.

라탄 소재의 조명 나무식탁 화이트 배경 속 식물들이 아름답게 어우러져 있는 주방 모습이다.(*스킨답서스, 아스플레니움*)

▲ 버깃데페페 씨가 직접 만든 보니타 카시타 정원이다. *(드라세나, 아스파라거스, 유카)*

▶ 식물들과 대화를 나눌 수 있어보이는 거실 플랜테리어

Plant Tribe

그린 플랜테리어 하우스

터키
@lepetitjungle
나일

식물을 키우며 딸에게 책임감과
모든 생명을 존중하는 방법을 가르치고 있는 그녀,
나일 씨의 그린 플랜테리어 하우스를 소개한다.

URBAN
JUNGLE

"식물은 아이들에게도 많은 영향을 주는 이로운 친구예요."

내가 가진 경험을 아이에게도

어릴 때부터 부모님이 꽃과 식물을 키우셨어요. 집 옆의 정원에서 농작물을 기르시고, 저도 제 손으로 물을 주고 흙을 만지며 식물들의 성장을 지켜보는 것이 자연스러운 일이었어요. 그 속에서 자연의 냄새를 맡았던 행복한 기억들을 현재 제 아이에게 전해주고 있어요. 아이와 식물이 함께 성장하는 모습을 지켜보는 건 또 다른 즐거움입니다. 덕분에 그동안 저도 잊고 있었던 것들을 깨닫기도 합니다.

여러분들도 아이와 함께 식물 키우기를 시작해보세요. 식물을 통해 아이들이 생물을 존중하는 방법을 배우고, 정서적 안정감을 찾는 모습을 지켜보실 수 있을 거예요.

▲ 쇼파와 테이블에 식물들이 크게 자리잡고 있다.(*스킨답서스, 산세베리아, 떡갈잎 고무나무, 칼라데아 오르비폴라아, 알로카시아 아마조니카, 알로카시아, 칼라데아, 접란*)

◀ 행잉식물과 필로덴드론으로 꾸며진 아이방 인테리어다.

▶ 아이와 식물에 대한 이야기를 나눌 수 있는 테이블이다.(*필레아 페페, 알로카시아, 칼라데아*)

빛을 잘 받게 해주기 위해 식물을 창가 앞으로 옮겨놓았다.(*몬스테라, 칼라데아, 필레아페페, 접란, 드라세나 콘시나, 알로카시아 제브리너스, 알로카시아 아마조니카, 산세베리아, 목베고니아, 금전수*)

▲ 많은 식물들 앞에 딸 에이다와 엄마가 식물들을 관리할 때 사용하는 도구들이 놓여있다.(*접란, 칼라데아 오르비폴리아, 칼라데아, 목베고니아*)

◀ 식물에 둘러쌓여 에이다가 플랜트 책을 읽고 있는 모습이다.

긍정 에너지 가득한 플랜트 하우스

오스트리아
@my_green_home_and_me
타마라 묄러

실내식물로 만든 숲에서 따뜻한 커피 한 잔과
식물이 주는 긍정 에너지를 받으며 최고의 휴식을 느낄 수 있는
타마라 묄러의 플랜트 하우스를 소개한다.

"따뜻한 햇볕, 신선한 공기, 깨끗한 물도 중요하지만 그래도 무엇보다 중요한 건 식물에 대한 끊임없는 공부와 사랑이라고 생각해요."

일상 속 작은 힐링

2년 전 처음으로 식물을 키우기 시작했어요. 작은 식물을 데려와 쑥쑥 자라는 모습을 보면서 말로 표현 할 수 없는 행복함을 느꼈고 그때부터 식물과 사랑에 빠지게 되었어요.

정신없이 바쁜 하루를 보내고 빨리 집으로 돌아와 식물을 돌보는 것보다 더 행복한 일을 없다고 생각해요. 제 녹색 친구들은 밖에서 받은 스트레스를 긍정적인 에너지로 밖에서 받은 스트레스를 한 방에 날려주며 긍정적인 에너지를 전달해주거든요.

저희 집에 놀러 온 지인들은 집 곳곳을 가득 메우고 있는 식물을 보곤 감탄과 놀라움을 금치 못하다가 이내 차분한 마음으로 식물을 감상해요. 그리곤 제게 수많은 질문을 쏟아내죠.

사람들이 식물을 키울 수 있는 능력이 없다 해도 한 번쯤은 꼭 키워봤으면 좋겠어요. 식물은 조금의 관심과 사랑을 준다면 우리가 생각하는 것보다 더 많은 이익을 준답니다.

◀ 녹색 애호가의 흔한 거실 스타일링(*몬스테라, 스킨답서스, 아비스, 칼라데아*)

▶ 타마라가 가장 좋아하는 식물 코끼리 귀를 닮은 알로시아 마크로리자

누구보다 행복하게 휴식을 취할 수 있는
플랜트 테라스(*유칼립투스*)

▲ 아름다운 초원 위에 있는듯 한 느낌을 주는 침실(*산세베리아, 무늬 홍콩야자, 떡갈잎 고무나무, 스투키, 알로카시아*)

▶ 옹기종기 모여있는 산세베리아와 스투키

Part 3.

집에서
식물을 기르기 위해
알아야 할 것들

계절별
식물 관리법

봄

봄은 식물이 본격적으로 자라나는 시기입니다. 그러나 꽃샘추위와 불안정한 기온 때문에 보온에 특히 더 주의가 필요한 때이기도 합니다. 봄이 되었다고 실내에 있던 식물을 바로 베란다로 옮기면 급격한 기온 차로 인해 식물이 얼어버릴 수 있으니 거실에서부터 천천히 일주일 단위로 연습하면서 이동시켜 주셔야 합니다.

꽃샘 추위가 지나간 봄 막바지 쯤에는 식물들이 본격적으로 자라기 시작하니 필요하다면 분갈이를 해주는게 좋습니다.

여름

대부분의 식물은 햇빛에 직접 노출시키는 것을 피해야 합니다. 그동안 못 본 해 많이 보라고 빛 바로 앞에 두면 잎 뎀 현상을 일으키니 직사광선을 받지 않는 곳에서 빛을 쬐여주세요. 에어컨의 냉기가 식물에 직접 닿는 곳은 피해주세요. 적당한 온기가 필요한 식물은 에어컨 냉기로 인해 꽁꽁 얼어버릴지도 모른답니다.

가을

가을은 건조함에 유의해야 하는 계절입니다. 식물들이 금세 건조해질 수 있으니 물주기에 신경써주세요. 젖은 수건으로 잎을 자주 닦아주는 것도 많은 도움이 됩니다. 웃자란 가지들은 겨울이 되기 전에 잘라주세요.

겨울

겨울엔 흙의 내한성이 높아지도록 관리해야 합니다. 흙이 건조해지게 관리해주세요. 식물이 휴면기에 들어간다고 방치하지 않고 낮에 햇빛이 잘 드는 곳으로 이동시켜 주는 것이 좋습니다. 난방 때문에 식물이 건조해보일 경우 분무기로 잎에 물을 뿌려줍니다. 방 온도에 맞춰 물 주는 온도를 맞춰 주는 것도 잊지마세요.

빛

빛은 식물이 행복하고 건강하게 자라게 해주는 가장 중요한 요인입니다. 식물도 근본적으로는 비료에 의존한다고 생각할 수 있지만 대부분의 에너지는 빛에서 만들어 냅니다. 빛이 없다면 영양분과 수분의 유용성도 의미가 없어지는 것입니다.

식물에게 가장 이상적인 빛 환경을 만들려면 창문으로 들어오는 빛을 확인해야 합니다. 태양이 뜨고 지는 것을 살펴서 빛의 범위를 살펴 빛의 방향성을 알아두는 게 좋습니다. 일반적으로 많은 빛이 필요한 식물에겐 남쪽 창문 근처 공간이 가장 적당합니다. 동쪽 창으로는 아침에 강한 햇빛이 들어오고 서쪽 창에는 이른 오후부터 저녁까지 강하고 따뜻한 빛이 들어옵니다. 따라서 적은 빛이나 중간 정도의 빛을 좋아하는 식물은 동쪽 창에, 따뜻한 환경을 좋아하는 식물은 서쪽 창에 두는 것이 좋습니다.

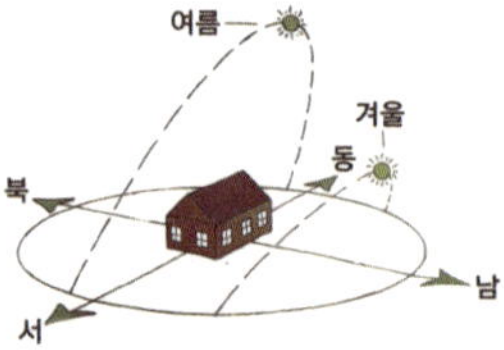

빛의 세기에 따른 실내식물 종류

빛이 잘 드는 창가
3,000~5,000Lux

남쪽, 남서쪽, 서쪽 장소

벤자민고무나무, 칼랑코에, 펠라고니움, 틸란드시아 등

밝은 작은 창가
2,000Lux 이상

동쪽 혹은 남쪽 창가에서 조금 떨어진 장소

알로카시아, 칼라디움, 드라세나, 공작야자 등

창가에서 떨어진 반쯤 그늘진 장소
1,000~2,000Lux

창가에서 1.5~2m 정도 떨어진 장소

군자란, 몬스테라, 안스리움, 디펜바키아, 싱고니움 등

햇빛이 잘들지 않는 그늘진 장소
1,000Lux 정도

빛이 많이 차단되는 방, 커튼이나 블라인드로 가려져 있는 장소

헤데라, 스파티필럼, 필로덴드론 등

토양

배양토는 식물의 성장을 돕는 혼합물입니다. 일반토양은 화분의 문제를 해결하기 어렵기 때문에 질병을 억누르거나 미생물의 오염물질을 제거하는 등 필요에 따라 다양한 배양토를 만들어 사용하는 게 좋습니다.

1. 피트모스(Peat moss)

피트모스는 아주 작은 섬유질로 되어 있어 물을 잡아주는 능력이 뛰어납니다. 또 뿌리 썩음의 원인인 곰팡이를 억제해 새롭게 뿌리를 자르고 분갈이할 때 사용하기 좋습니다. 다만 피트모스를 사용한 흙이 말라버리면 다시 습기를 되찾기 어려우니 다른 배양토와 섞을 땐 미지근한 물(1:1)로 적셔 사용해야 합니다.

2. 유기물(Composed plant materials)

젖은 배양토를 만져볼 때 느꼈던 아주 작은 바크조각, 나무토막, 식물 물질의 조각 등을 말합니다. 다소 거친 조각들은 배수를 도와주고 뿌리가 숨 쉴 공간을 만들어줍니다. 음식가공업에서 나온 쓰레기나 잎으로 만든 퇴비들도 여기에 포함됩니다. 배양토에 어두운 검은색이 보인다면 혼합물이 포함됐다는 표시입니다.

3. 모래(Sand)

모래는 다른 토양보다 입자가 커 배수가 잘 되는 배양토를 만드는 데 사용됩니다. 다만 습기를 잘 머금지 못해 빨리 바를 수 있으니 잠깐 물주기하는 식물에 어울립니다. 만약 배수에 걱정이 있고 뿌리가 좀 더 말라있기 원하면 모래를 섞어주는 것이 좋습니다.

4. 펄라이트(Perlite)

팝콘 조각 같은 하얀 퍼프처럼 생긴 펄라이트는 800~900℃에서 폭발하는 화산암으로 만들어졌습니다. 수천 개의 작은 공기구멍이 있어 물을 빨리 잡고 빨리 배수합니다. 흙에 화학적 영향을 주진 않으니 적당한 영양만 공급하면 식물이 자라기 좋은 환경이 됩니다.

5. 질석(Vermiculite)

질석도 광물에서 만들어집니다. 피트모스와 섞어 발아에 도움이 되는 기본 배양토로 쓰거나 흙의 질감을 가볍게 하고 싶을 때 사용합니다. 다만 순수한 질석을 사용할 땐 토양을 축축하게 만들어서 사용해야 합니다. 일부 질석엔 석면 같은 작은 조각이 포함되어 있기 때문입니다.

6. 미네랄(Minerals)

대부분의 배양토에 포함된 성분입니다. 그중 대표적인 석회는 배양토의 pH를 높여 오염된 물에서 생기는 문제에 도움이 됩니다. 불소가 많이 든 물을 사용하거나 피트모스를 기본으로 하는 배양토에 섞을 때 사용하면 좋으나 산성토양에서 자라는 식물에겐 사용하면 안 되니 주의해야 합니다

해충

실내 식물도 해충에 시달릴 수 있습니다. 새 식물 혹은 사람이나 애완동물에 붙어 들어올 수 있기 때문입니다. 일찍 발견했다면 먼지떨이로 털어내지 말로 물을 뿌려 천이나 스펀지로 닦아내는 것이 좋습니다. 그리곤 바로 물통 속 물을 바꿔준 뒤 다른 식물을 돌봐야 합니다.

그러니 식물을 새로 들인다면 3~4주 동안 격리하는 것을 추천합니다. 3m 정도의 거리만 두면 다른 식물로 옮겨가는 것을 막을 수 있습니다. 격리시키지 않아도 해충이 옮지 않을 수 있지만 만약을 위해 거리를 유지해주는 것이 좋습니다.

진딧물(Aphids)

진딧물은 한 마리만 보여도 이미 훨씬 많은 수가 숨어있을 수 있습니다. 진딧물의 숙주는 보통 부드러운 어린잎의 끝이나 새로 난 잎의 뒷면, 꽃이 피는 식물의 싹에서 볼 수 있습니다.

치료

먼저 심하게 감염된 부분을 잘라내야 합니다. 몇 마리만 보인다면 알코올에 담근 솜으로 닦아내고 감염이 심각한 큰 식물은 미지근한 물로 깨끗이 씻어내야 합니다. 실외로 나가 호스로 물을 뿌려줘도 됩니다.

깍지벌레(Mealybugs)

깍지벌레는 잎과 줄기가 만나는 곳에 숨거나 식물의 뿌리를 먹고 자랍니다. 성충은 0.2~0.9cm로 희끄무레한 솜같이 보이기도 합니다. 식물의 액즙을 빨아먹어 식물을 약하게 만듭니다.

치료

우선 손톱이나 이쑤시개, 소독용 알코올에 담은 면봉으로 직접 제거해야 합니다. 그리고 숨어있을 것 같은 곳을 살피며 계속 반복해야 합니다. 화분 밑바닥에서 발견하면 뿌리를 약간 말린 다음 식물을 가볍게 흔들어준 후 분갈이 해줍니다.

응애(Spider Mites)

응애는 실내식물에게 가장 무서운 존재입니다. 바늘같이 생긴 뾰족한 입으로 식물의 액즙을 빨아먹습니다. 잎의 뒷면에 모여서 심각하게 감염되기 전엔 잘 보이지 않을 수 있으니 노란색의 작은 구멍이 생기거나 잎이 말라간다면 의심해보시기 바랍니다.

치료

응애는 건조한 환경을 좋아하기 때문에 축축한 자갈 위에 식물을 올려놓는 것이 좋습니다. 감염된 부분은 잘라내 밀봉 후 버려줍니다. 살충비누를 자주 분무하면 응애를 관리할 수 있습니다.

물주기

식물은 물을 통해 광합성을 하고 흙이 주는 영양분을 뿌리부터 잎까지 전달합니다. 식물이 건강하게 자라기 위해선 물은 가장 필수적인 요소입니다.

식물에게 좋은 물

1. 정수기 물

- 여과시켜서 마시는 물이 있다면 화분에 주는 물로 사용할 수 있습니다.

2. 수돗물

- 많은 염소가 있기 때문에 물을 받아 하루 이상이 지난 뒤 사용하는 것이 좋습니다.

식물에 물주기 하고 나면 다음에 사용할 물을 미리 채워놓는 습관이 필요합니다.

3. 빗물과 증류수

- 자연적으로 생기는 물을 사용해도 좋습니다.

어떤 물을 주든 식물에게 주는 물의 온도는 실내 온도에 맞춰줘야 하는 것을 잊지 마세요!

식물에게 물이 필요한지 확인하는 방법

1. 손으로 확인하기

손가락 두 마디 정도를 흙 속에 넣었을 때 흙이 건조하면 물을 흠뻑 주세요. 반대로 촉촉하다면 아직 물이 필요하지 않기 때문에 조금 더 놔둬도 괜찮습니다.

2. 나무젓가락으로 확인하기

나무젓가락을 손으로 표시한 길이 만큼 흙 속으로 넣어주세요. 10초 정도 흙의 수분이 나무젓가락에 묻을 시간을 주고 빼냈을 때 촉촉하면 OK! 건조하다면 물을 흠뻑 주세요.

3. 식물의 잎 상태로 확인하기

식물의 잎이 위 사진처럼 축 처져 있다면 목이 말라 굉장히 고통스러워하고 있다는 뜻이에요. 물을 충분히 듬뿍 준다면 다시 꽂꽂이 일어나 멋진 잎을 보여줄 거예요.

식물에게 물 주는 방법

1. 위에서 물주기

위에서 아래로 화분에 물을 줄 때는 물이 흙 위로 넘치면서 화분 안쪽으로 내려가 바닥의 배수 구멍으로 나올 위험이 있어요. 이렇게 되면 식물의 뿌리가 너무 마른 상태로 남아 있을 수도 있답니다. 이런 곤란한 경우를 피하려면 흙과 뿌리 덩어리 사이에 송곳이나 나무 꼬챙이로 구멍을 만들어서 물이 뿌리로 스며들 수 있는 공간을 만들어 주세요. 이렇게 했는데도 계속 같은 증상이 반복된다면 뿌리가 자랄 여유 공간이 부족하거나 신선한 배양토가 필요한 증상일 수도 있으므로 분갈이 계획을 세우는 게 좋답니다.

2. 저면관수

잎에 반점이 생기거나, 솜털같이 생긴 잎을 가진 아프리칸 바이올렛, 글록시니아 같은 식물에게는 물 얼룩이 쉽게 질 수 있으니 저면관수를 통해 물을 주세요. 저면관수 방법은 큰 양푼에 물을 담아 식물을 그 안에 넣고 30분 정도까지 물을 충분히 흡수할 수 있게 해주는 것입니다.

저면관수의 경우 작 은 화분은 거의 문제가 되지 않지만, 화분이 매우 크고 플라스틱같이 물을 잘 머금고 있는 재질로 만들어진 경우에는 뿌리가 쉽게 물러질 수 있으니, 화분을 물속에 30분 이상 두지 않도록 주의해 주세요.

물주기를 위한 팁

1. 화분 모으기

비슷한 물주기 속성을 가진 식물들은 가능하면 함께 모아둡니다. 화분을 한군데 모아 두면 물을 줄 때마다 주변이 지저분해지는 것을 한 지역으로 국한할 수 있습니다.

2. 유용한 배양토 표면 위의 공간

분갈이할 때 화분 가장자리에서 흙 표면까지 2~3cm 정도의 공간은 남겨두어야 합니다. 이 공간은 물주기를 할 때 물이 안으로 스며들 때까지 머무르는 서장소의 역할을 하는데, 이것은 흙이나 물이 엎질러지는 것도 막아줍니다.

3. 물주기 기구 숨겨두기

화분들이 부엌(물통을 보관하는 곳 어디나)에서 멀리 떨어져 있을 때는 물통을 화분 뒤에 숨겨두고 필요할 때 조금씩 물을 줄 수 있게 하는 것이 편리합니다.

4. 물받이 세척하기

물받이의 물이 증발하면 자갈에 염류를 남깁니다. 이는 식물이 물을 빨아들일 때 문제가 될 수도 있습니다. 이런 문제를 피하기 위해 한 달에 한 번쯤은 깨끗이 세척해 줍니다.

Part 4.

실내에서 식물 키우기 TIP

Q. 초보자에게 추천하는 식물

필로덴드론을 추천해요. 제가 가장 좋아하기도 하지만 초보자도 쉽게 다가갈 수 있는 식물이에요. 또 추천하고 싶은 식물은 **스킨답서스**인데 덩쿨성 식물로 매력적인 하트 모양의 잎들이 특징이에요. 스킨답서스는 오랜 시간 무관심 속에 방치해도 잘 죽지 않고, 빛이 부족해도 끝내 살아남기 때문에 악마의 아이비라는 별명도 있어요. 제 개인적인 생각은 호야도 초보자들이 쉽게 키울 수 있는 식물이라고 생각해요. 그래도 가장 중요한 것은 어떤 식물이라도 사랑으로 끝까지 돌보면 식물도 그에 반응한다고 믿고 있어요.

-제시카 @jessicasjungle

추천 식물은 **뱅갈고무나무**요. 모든 식물이 마찬가지지만 햇빛, 물, 통풍만 잘 관리 해주면 눈에 띄게 자라는 모습이 보여요. 물 주기에 자신이 없다면, **스킨답서스**나 **아이비**를 추천해요. 수경재배 하면 어느 공간이든 잘 자라고 과습 염려를 하지 않아도 되고, 곳곳에 두면 인테리어 효과에도 좋아요.

-송지혜 @sssong0084

행잉식물(립살리스 루비)을 추천합니다. 깜빡하고 물을 주는 것을 잊어버려도 쉽게 죽지 않아 초보자가 키우기에 좋답니다. 개인적으로 **몬스테라**도 한번쯤 키워보길 추천합니다. 기본관리 요령만 지켜준다면, 푸릇한 식물과 행복한 삶을 즐기실 수 있습니다.

-버깃데페페 @zebodeko

미니 선인장이나 **아이비**같이 물주기도 쉽고 키우기 복잡하지 않은 식물을 추천합니다. 한 가지 팁을 준다면 식물을 구매한 후 집에 데려가기 전 판매자에게 주의사항을 꼭 확인하세요. 애완동물이나 어린이를 키우고 있는 경우는 독성식물 목록을 확인하는 것도 중요합니다. 그렇지 않으면 사랑하는 식물을 집에 데려와서 다시 모두 버려야 하는 상황이 발생하기 때문입니다.

-베로니카 @interioryesplz

Q. 식물을 건강하게 키우는 노하우

너무 당연한 얘기지만 열대성 작물을 키우는 성공의 열쇠는 식물 각각의 특성을 알고, 빛, 물, 습도 그리고 토양에 대해 이해하며 식물에 맞게 처방하는 거예요. 식물이 좋아하는 여름 시즌에는 특별히 신경을 쓰지 않지만 겨울에는 식물에 맞게 습도 조절을 해주려고 노력해요. 식물에 알맞은 습도를 맞춰주면 힘든 겨울을 건강하게 이겨낼 수 있거든요. 이런 유용한 팁들은 제 유튜브 채널에도 공개하고 있으니 많이 봐주세요.

-헤나 맥플레인 @tropical_plant_addict

먼저 식물의 특성을 이해하고 우리 집의 환경을 파악하는 것이 가장 중요해요. 햇빛을 좋아하는 식물인지, 물을 많이 좋아하는 식물인지, 우리 집이 많이 건조한지, 어느 공간이 해가 강한지를 파악해서 식물들이 좋아하는 공간에 배치를 하고 기르는 것이 실내식물을 건강하게 키우는 저만의 노하우입니다.

-심현정 @hani.home

식물이 받는 빛에 달려 있다고 생각합니다. 같은 지역이라고 하더라도 서로 다른 두 집에 있는 식물은 받는 빛, 창문의 위치, 키우는 생활 패턴 등으로 인해 상태가 달라질 수 있습니다. 저희 집에 있는 식물은 서식하기 가장 좋은 장소를 찾아서 적절한 빛을 받도록 하고 있습니다. 적절한 빛을 받을 수 있는 곳을 찾아주고 그곳에서 식물이 자라는 모습을 지켜봐주세요.

-나일 @lepetitjungle

직접 키워보기입니다. 많은 식물을 키우면서 집에서 잘 자랄 수 있는 방법을 자연스럽게 익히고 있어요. 식물마다 성격이 다르고 잘 자랄 수 있는 환경도 달라서 직접 키워보고 잘 자라는 것을 눈으로 확인하는 것만큼 좋은 공부는 없다고 생각해요.

-도동 @도동이네

저는 식물들을 과보호하지 않아요. 예를 들면 물도 많이 주지 않고 식물들의 위치를 한 번 잡아주면 거기서 적응하도록 내버려두고 옮기지 않습니다. 대신 집안 창문을 자주 열어 공기를 순환시켜 주고 벌레와 질병으로부터 보호하기 위해 식물 잎 양쪽에 주기적으로 물안개를 살포해줍니다.

-리에 @rie.751

식물의 종류에 따라 약간의 차이는 있지만, 핸드폰 알람을 사용한 물 주기 체크, 온습도계를 이용한 동일한 환경조건 조절, 과습 방지를 위한 일정 시간 통풍입니다.

-임성빈 @seongbinlim

규칙적인 물 주기, 주기적인 손질, 적절한 양의 빛에 대한 노출 등은 대부분의 식물이 번성하는 데 필요한 거의 모든 것입니다. 기본적인 유지 관리 외에도, 필요한 경우 분갈이, 가지치기 및 나누기를 포함하여 1년에 한두 번 좋은 가드닝 작업을 해주면 새로운 성장을 촉진하고 식물이 강하고 활기차게 유지 될 수 있습니다.

-엘레나 @elena_morozv

식물을 잘 키우기 위해서는 따뜻한 햇살, 신선한 공기, 깨끗한 물도 중요하지만 그래도 무엇보다도 식물에 대한 끊임없는 공부와 사랑이라고 생각해요.

-타마라 뮐러 @my_green_home_and_me

하루 종일 식물들과 대화하기입니다. 농담처럼 들리겠지만 식물들에게 말을 걸다 보면 가끔 제 말을 듣고 있는 거 같다고 느낄 때가 있습니다. 식물을 키우는 사람으로서 그 순간 그들과 더 친밀감을 느끼게 된답니다.

-베로니카 @interioryesplz

식물 하나하나에 마음을 기울이는 것이 중요하다고 생각해요. 식물들 특성에 따라 광량이 더 많이 필요한지, 통풍에 좀 더 신경을 써야 하는지, 세심하게 살펴보는 편이에요. 새순을 내고 있거나 꽃망울이 맺혀 있으면 물도 좀 더 챙겨주고요. 혹여 해충이 생기지는 않았는지 매일 관찰하면서 식물과 교감하려 합니다. 식물 안에 온 우주가 담겨 있다는 생각이 들어요.

-최정인 @iyan.days

정글하우스

식물집사 30인의 랜선집들이

발행일 2021년 02월 25일 초판 1쇄 발행

지은이 월간 플로라 편집부
펴낸이 이지영

진 행 최윤희
디자인 Design Bloom 이다혜·김은별

펴낸곳 도서출판 플로라
등 록 2010년 9월 10일 제 2010-24호
주 소 경기도 파주시 회동길 325-22
전 화 02.323.9850
팩 스 02.6008.2036
메 일 flowernews24@naver.com

ISBN 979-11-90717-46-5